Georgios Dimoulis

# Bluetooth vs. WLAN

**Vergleich und mo gliche Entwicklung der Technologien**

GRIN Verlag

**Bibliografische Information der Deutschen Nationalbibliothek:**

Die Deutsche Bibliothek verzeichnet diese Publikation in der Deutschen National-
bibliografie; detaillierte bibliografische Daten sind im Internet über http://dnb.d-
nb.de/ abrufbar.

**Impressum:**

Copyright © 2013 GRIN Verlag GmbH
Druck und Bindung: Books on Demand GmbH, Norderstedt Germany
ISBN: 978-3-656-63165-1

**Dieses Buch bei GRIN:**

http://www.grin.com/de/e-book/271069/bluetooth-vs-wlan

## GRIN - Your knowledge has value

Der GRIN Verlag publiziert seit 1998 wissenschaftliche Arbeiten von Studenten, Hochschullehrern und anderen Akademikern als eBook und gedrucktes Buch. Die Verlagswebsite www.grin.com ist die ideale Plattform zur Veröffentlichung von Hausarbeiten, Abschlussarbeiten, wissenschaftlichen Aufsätzen, Dissertationen und Fachbüchern.

## Besuchen Sie uns im Internet:

http://www.grin.com/

http://www.facebook.com/grincom

http://www.twitter.com/grin_com

FOM Hochschule für Oekonomie & Management Frankfurt
University of Applied Sciences

Berufsbegleitender Studiengang: Wirtschaftsinformatik

5. Fachsemester
Seminararbeit für E-Business & Mobile Computing

Thema: Bluetooth vs. WLAN –
Vergleich und mögliche Entwicklung der Technologien

Autor: Georgios Alkinoos Dimoulis

Abgegeben am:
Frankfurt, den 30.07.2013

# Inhaltsverzeichnis

# Abkürzungsverzeichnis

| | |
|---|---|
| Abb. | Abbildung |
| bzw. | beziehungsweise |
| dBm | Dezibel Milliwatt |
| et al. | et alii/et aliae/at alia (=und andere) |
| f. | folgende |
| GHz | Gigahertz |
| IAPP | Inter Access Point Protocol |
| IP | Internet Protocol |
| Jh. | Jahrhundert |
| Kbps | Kilobit pro Sekunde |
| $km^2$ | Quadratkilometer |
| LAN | Local Area Networking |
| m | Meter |
| Mbps | Megabit pro Sekunde |
| MHz | Megahertz |
| MP3 | Mpeg-1 Layer 3 |
| mW | Milliwatt |
| NFC | Near Field Communication |
| RF | Radio Frequency |
| S. | Seite |
| SIG | Special-Interest-Group |
| Tab. | Tabelle |
| TV | Television |
| u.a. | und andere |
| UHF | Ultra High Frequency |
| usw. | und so weiter |
| V | Version |
| Vgl. | Vergleiche |
| vs. | versus |
| W | Watt |

| | |
|---|---|
| WLAN | Wireless Local Area Networking |
| WPAN | Wireless Personal Area Networking |
| WWAN | Wireless Wild Area Networking |
| z.B. | zum Beispiel |

V

# Tabellenverzeichnis

# 1 Einleitung

## 1.1 Themenbeschreibung und Vorgehensweise

Im Rahmen der vorliegenden Arbeit ist es ein Anliegen, die Technologien Bluetooth und WLAN miteinander zu vergleichen, und daraus folgend mögliche zukünftige Entwicklungen aufzuzeigen.

Dazu werden zunächst in Kapitel 2 die Entstehung und die Entwicklung von Bluetooth (2.1) und WLAN (2.2) getrennt voneinander behandelt, um daraufhin in Kapitel 3 beide miteinander zu vergleichen. Dabei gilt es, einerseits technische Unterschiede und Gemeinsamkeiten herauszuarbeiten (3.1) und andererseits Vor- und Nachteile der jeweiligen Technologie zu besprechen (3.2). Kapitel 4 beschäftigt sich mit den möglichen Entwicklungen beider Technologien, thematisiert die Erwartungen, welche an sie gebunden waren und übertroffen wurden (4.1) und stellt Einsatzmöglichkeiten (4.2) sowie Zukunftsaussichten (4.3) vor. Es folgt Kapitel 5 mit dem Resümee und das Literaturverzeichnis.

# 2 Entstehung und Entwicklung beider Technologien

## 2.1 Bluetooth

Bei Bluetooth handelt es sich um eine vielseitige drahtlose Netzwerktechnik, die vor allem bei der Vernetzung mobiler Geräte, sowie auch als Kabelsatz für den Anschluss von Peripheriegeräten eingesetzt wird.[1]

Laut Grzemba ist die Bluetooth-Technologie durch eine von Ericsson Mobile Communications durchgeführte Studie entstanden:[2]

Das aus Norwegen stammende Unternehmen startete 1994 eine Studie mit dem Titel „Multi-Communicator-Link". Hierbei sollte untersucht werden, wie unterschiedliche Kommunikationsgeräte kabellos über Mobiltelefone an das Mobilfunknetz angeschlossen werden können. Projektbeteiligte kamen zu der Schlussfolgerung, dass eine derartige Verbindung mittels einer Funkschnittstelle mit nicht sehr großer Reichweite realisiert werden musste, wobei sich im weiteren Verlauf des Projektes herausgestellt hat, dass diese neue Technologie in unzähligen Gebieten Anwendung finden kann. Bald darauf wurde das Projekt auf den bis heute bekannten Namen ‚Bluetooth' getauft. Im Jahre 1998 bildeten die Unternehmen Ericsson, IBM, Intel, Nokia und Toshiba gemeinsam die Bluetooth-Special-

---

[1] Vgl. Finger(2008), S.28
[2] Vgl. Grzemba(2007), S.344

Interest-Group (SIG), welche sich zum Ziel setzte, eine kostengünstige Lösung für drahtlose Netzwerke zu entwickeln, wobei diese Interest-Group schnell gewachsen ist (2 Jahre später waren es bereits 2000 Mitgliedsfirmen).

Bluetooth arbeitet laut Finger im 2,4 GHz ISM-Band (das ISM-Band ist 83,5 MHz breit, wobei Bluetooth 79 jeweils 1 MHz breite Kanäle nutzt), worauf auch in Kapitel 3 im Zuge des technischen Vergleichs beider Technologien näher eingegangen wird, und welches nahezu weltweit unter speziellen Bedingungen ohne Lizenz oder Voranmeldung benutzbar ist.[3]

Angefangen hat Bluetooth mit der Version 1.0 im Jahre 1999, wobei die ersten Geräte im Jahr 2000 auf den Markt gekommen sind.[4] Meinel und Sack haben in ihrem sehr aktuellen Werk aus dem Jahre 2012 die Entwicklung des Bluetooth Standards ausführlich aufgelistet, worauf im Folgenden in gekürzter Form eingegangen wird:[5]

Der Bluetooth Standard hat sich von den ersten Versionen V1.0 und V1.0B über V1.1 (Jahr 2002), V1.2 (Jahr 2003), V2.0 (November 2004), V2.1 (August 2007), V3.0 (April 2009) bis hin zu V4.0 (April 2010) entwickelt, wobei die ersten Versionen noch zahlreiche Probleme bezüglich der Sicherheit und Interoperabilität von Produkten unterschiedlicher Hersteller aufwiesen und die maximale Datenübertragungsrate lediglich 732,2 Kbps betrug. Bei V1.2 erhöhte sich die Datenübertragungsrate auf 1 Mbps und hatte eine geringere Empfindlichkeit gegenüber statischer Störungen. Die maximale Datenübertragungsrate erhöhte sich immer weiter, ebenso wie die Reichweite und die Sicherheit durch eine immer höhere Verschlüsselung (in V4.0 128 Bit-Verschlüsselung) zunahmen. Woran zudem noch gearbeitet wird, ist eine weitere Reduzierung des Stromverbrauchs.

Die Reichweite und die Ausgangsleistung werden in der Bluetooth-Technologie je nach Gebrauch in Klassen aufgeteilt. Tabelle 1 zeigt die Bluetooth-Leistungsklassen auf:

**Tab. 1: Die Bluetooth-Leistungsklassen**

| Klasse | Ausgangsleistung | Reichweite (ca.) |
|---|---|---|
| 1 | 100 mW, 20 dBm | 100 - 130m |
| 2 | 2.5 mW, 4 dBm | 25 - 35m |
| 3 | 1 mW, 0 dBm | 10 - 18m |

**Quelle: Dembowski(2007), S. 430**

Die Leistungsklassen werden in drei unterteilt: Ausgehend von Klasse drei mit der geringsten Ausgangsleistung von 0 dBm und einer Reichweite von 10-18 Meter bis zur leistungsstärksten Klasse eins mit 20 dBm und einer Reichweite von 100-130 Meter, je nachdem wofür die Bluetooth-Technologie genutzt werden soll.

---

[3] Vgl. Finger(2008), S.28
[4] Vgl. Meier/Stormer(2012), S.254
[5] Vgl. Meinel/Sack(2012), S.346

## 2.2 WLAN

Bei der WLAN-Technologie handelt es sich um ein Funknetzwerk, das einen drahtlosen Zusammenschluss mehrerer Rechner zu einem lokalem Netzwerk ermöglicht, wofür in den ersten Jahren die anzubindenden Stationen lediglich mit einem standardkonformen WLAN-Adapter und entsprechenden Treibern ausgestattet sein mussten- eine gesonderte Betriebssoftware war nicht erforderlich (heutzutage ist die WLAN-Technologie in den meisten mobilen Endgeräten bereits verfügbar und braucht keine vorbereitenden Maßnahmen seitens der Nutzer):[6]

Der Basisstandard für die WLAN-Technologie wurde von der IEEE im Jahre 1997 unter der Bezeichnung 802.11 verabschiedet, wobei im Laufe der Jahre mehrere WLAN-Varianten entwickelt wurden, von denen die Spezifikationen 802.11b und 802.11g zur Zeit (Literaturstand 2011) am meisten verwendet werden. Der verwendete Frequenzbereich und die maximal erreichbare Übertragungsgeschwindigkeit sind die Hauptunterschiede zwischen den WLAN-Derivaten.

**Tab. 2: Gegenüberstellung der IEEE-Spezifikationen 802.11a/b/g/n**

|           | Frequenzbereich     | Maximale Bandbreite |
|-----------|---------------------|---------------------|
| 802.11a   | 5 GHz               | 54 Mbps             |
| 802.11b   | 2,4 GHz             | 11 Mbps             |
| 802.11g   | 2,4 GHz             | 54 Mbps             |
| 802.11n   | 2,4 GHz und 5 GHz   | 600 Mbps            |

Quelle: Vgl. Schiffmann/Bähring/Hönig(2011), S.368

Tabelle 2 zeigt auf, wie sich die WLAN Standards von „a" bis „n" entwickelt haben. Im Frequenzbereich gab es keine Veränderung, beide GHz-Bereiche (2,4 und 5) wurden abwechselnd genutzt, wobei in der bis dahin aktuellsten Spezifikation beide Varianten vorzufinden waren. In Bezug auf die Bandbreite gab es eine große Erhöhung der maximal möglichen Bandbreite von 54 Mbps auf bis zu 600 Mbps.

Die zum jetzigen Zeitpunkt aktuellste WLAN-Technologie ist 802.11ac mit einer maximalen Übertragungsrate von bis zu 1300 Mbps, was beim neuen von Apple angebotenen WLAN-Router (AirPort Extreme) bereits genutzt wird und eine extreme Leistungssteigerung darstellt[7].

Eine weitere Aufgliederung der WLAN-Spezifikationen bieten Seitz et al. in ihrem Werk, wobei neben dem Frequenzbereich und der maximalen Bandbreite auch die Kanalbreite, die Anzahl

---

[6] Vgl. Schiffmann/Bähring/Hönig(2011), S.367
[7] Vgl. Apple(2013), Stand: 20.07.2013

der Kanäle und die maximale Sendeleistung aufgeführt werden, wobei jedoch nur die Standards a-g genannt werden, da der n- und ac-Standard erst später entwickelt wurden:[8] Der b- und g-Standard weist jeweils eine maximale Sendeleistung von 100 mW, 13 Kanäle und eine Kanalbandbreite von 22 MHz auf. Der a-Standard hingegen bietet eine Kanalbandbreite von 20 MHz, 19 Kanäle und eine maximale Sendeleistung von nur 1 W. Der heute verfügbare, bereits genannte ac-Standard bietet eine Kanalbandbreite von 80 MHz, welche auch für größere Datenmengen geeignet ist und eine schnellere Übertragung ermöglicht[9].

Die Autoren Koch, Köhne und Wagner unterscheiden drahtlose Kommunikationsstandards in drei Anwendungsszenarien:[10]

- Wireless Personal Area Networking (WPAN): Diese Kommunikationsmöglichkeit ist für mobile Anwendungen geeignet, das heißt der Schwerpunkt bezieht sich auf die Verbindung und Kommunikation zwischen zwei oder mehreren Geräten. Dadurch können Daten ad hoc und spontan zwischen den Nutzern ausgetauscht werden.

- Wireless Local Area Networking (WLAN): Das WLAN stellt ein eigenes drahtloses Netzwerk zur Verfügung, welches auf einem Access Point basiert, der als Router fungiert und das WLAN zur Verfügung stellt.

- Wireless Wide Area Networking (WWAN): Das WWAN stellt einen Netzzugang zum Beispiel für Mitarbeiter zur Verfügung, die sich außerhalb des Firmengebäudes befinden. Heutzutage wird diese Konnektivität über die Mobilfunktechnologie realisiert- zum Beispiel durch eine direkte Verbindung zwischen Notebook und Mobiltelefon.

Im folgenden Verlauf der Arbeit werden beide in Kapitel zwei beschriebenen Technologien gegenübergestellt und ein kleiner Blick in die Zukunft gewagt.

# 3 Vergleich beider Technologien

## 3.1 Technischer Vergleich zwischen Bluetooth und WLAN

In Bezug auf eine Gegenüberstellung beider Technologien, stellt Tabelle 3 nach Breymann/Mosemann einen übersichtlichen Vergleich der relevantesten vergleichbaren technischen Einheiten dar:

---

[8] Vgl. Seitz et al.(2007), S. 243
[9] Vgl. Apple(2013, Stand: 20.07.2013
[10] Vgl. Oberholzer(2003), S.152

Tab. 3: Vergleich zwischen Bluetooth und WLAN

| Merkmal | Bluetooth | WLAN |
|---|---|---|
| Verbindungstyp | Radio, kugelförmig, Spread-Spectrum | Radio, kugelförmig, Spread-Spectrum |
| Spektrum | RF 2,4 GHz | RF 2,4 GHz oder 5 GHz |
| Verbrauch | 1-10 mW | 100 mW |
| Datenrate | 1-3 Mbps | 11-54 Mbps |
| Reichweite | 10m (100m sind möglich, dann aber ca. 100 mW Verbrauch) | 100m |
| Teilnehmer | 8 aktive (bis 200 passive) | Verbindung zu einem LAN über Access Point |
| Sprachkanäle | 3 | Voice over IP |
| Adressierung | 48-bit MAC | 48-bit MAC |

Quelle: Vgl. Breymann/Mosemann(2008), S. 284

Beide Verbindungstechnologien bilden einen kreisförmigen Radius, um das jeweilige Signal auszustrahlen. Der Frequenzbereich befindet sich bei Bluetooth im Bereich 2,4 GHz, wobei es bei WLAN entweder im Frequenzbereich 2,4 GHz oder 5 GHz liegen kann. Die Reichweite ist bei beiden Standards auf 100 Meter begrenzt, wobei bei Bluetooth mit zunehmender Reichweite der Energiebedarf proportional steigt. Bluetooth kann bis zu acht aktive Slaves in einem Netz verwalten, bei WLAN wird die Verbindung zu einem LAN über einen Access Point zur Verfügung gestellt. Die Adressierung erfolgt bei beiden Standards über eine 48-bit MAC-Adresse.

Aufgrund des ursprünglich vorgesehenen Einsatzgebietes unterscheidet sich die bei Bluetooth eingesetzte Netzphilosophie enorm von der bei WLAN eingesetzten:[11]

Bluetooth wurde für sogenannte Ad-hoc-Piconetze konzipiert (Ad hoc deshalb, da der Nutzer möglichst wenig Know-how benötigt, um ein Gerät in ein solches Netz einzubinden), wobei sich demnach die Netze möglichst selbstständig und ohne Eingriff des Nutzers verbinden, weswegen auch standardisierte Profile verwendet werden. Wollen zwei Geräte beispielsweise über eine Anwendung miteinander kommunizieren, so müssen beide das gleiche zur Anwendung gehörende Profil verwenden. Da sowohl WLAN als auch Bluetooth im 2,4-GHz-Band arbeiten, bleiben gegenseitige Störungen beim gleichzeitigen Betrieb nicht aus, wobei jedoch WLAN eher darunter leidet. Bluetooth ist weniger davon betroffen, da es mit einem Frequenzsprungverfahren arbeitet und somit Störungen innerhalb eines Kanals keinen großen Einfluss haben, wo hingegen WLAN einen festgelegten Kanal nutzt. Ab der Bluetooth-Version 1.2 wird jedoch mit dem Adaptive-Frequency-Hopping-Verfahren dafür gesorgt, dass WLAN-Geräte weniger durch Bluetooth gestört werden können.

---

[11] Vgl. Seitz et al.(2007), S. 242f.

Bei Bluetooth ist die Anzahl der Geräte innerhalb eines Netzes begrenzt. Es können zwar bis zu 256 Geräte zu einem Piconetz gehören, jedoch können maximal 8 miteinander kommunizieren, wobei ein Gerät die Funktion eines sogenannten Masters übernimmt, welcher die Kommunikation im Netz steuert; alle anderen Geräte werden Slaves genannt. Die Slaves können somit nicht direkt miteinander kommunizieren. Sobald mehr als 8 Geräte miteinander kommunizieren, können sogenannte Scatternetze weiterhelfen (hier werden mehrere Piconetze miteinander gekoppelt), wobei dafür ein Gerät gleichzeitig Mitglied in beiden Netzen ist, um eine Kommunikation von einem Slave zu einem Slave in einem anderen Piconetz zu ermöglichen. Im Gegensatz zum Bluetooth können beim WLAN im Ad-hoc-Modus in jedem Fall in Funkreichweite befindliche Knoten direkt miteinander kommunizieren.

## 3.2 Vor- und Nachteile der jeweiligen Technologie

Im Folgenden führen Tabelle 4 und 5 jeweils die Vor- und Nachteile von WLAN und Bluetooth übersichtlich auf.

Obwohl WLAN einen geringen Installationsaufwand und geringe Installationskosten mit sich bringt, Bewegungsfreiheit bietet, eine optisch gute, weil kabellose Lösung darstellt und mobiles und schnelles Internet mittels Hotspot ermöglicht, ist die Geschwindigkeit, trotz voranschreitender Technologie, nicht vergleichbar mit der Geschwindigkeit eines kabelgebundenen Netzwerks, der Hotspot weist eine geringe Reichweite auf, es gibt Sicherheitslücken und der Stromverbrauch ist recht hoch.

**Tab. 4: Vor- und Nachteile von WLAN**

| Vorteile | Nachteile |
|---|---|
| Geringer Installationsaufwand | Geringere Geschwindigkeit im Gegensatz zu verkabelter Lösung |
| Niedrigere Installationskosten da kabellos | Geringe Reichweite |
| Mehr Bewegungsfreiheit | Sicherheitslücken (leichter für Angriffe durch Hacker) |
| Optisch bessere Lösung, da kein Kabelsalat | Datenschutz |
| Mobiles und schnelles Internet mittels Hotspot | Hoher Stromverbrauch |

Quelle: Vgl. Schieb, Müller(2006), S. 316

Im Gegensatz zum WLAN hat Bluetooth einen geringen Stromverbrauch, aber auch eine geringe Reichweite. Es ist günstig in der Herstellung der Chips, weist aber auch eine geringe Datenübertragungsrate auf. Wie beim WLAN ist keine direkte Kabelanbindung nötig, die Sendeleistung ist aber geringer.

Tab. 5: Vor- und Nachteile von Bluetooth

| Vorteile | Nachteile |
|----------|-----------|
| Geringer Stromverbrauch | Geringe Reichweite |
| Günstig in der Herstellung der Chips | Geringe Datenübertragungsrate |
| Keine direkte Kabelanbindung nötig | Geringe Sendeleistung |
| Bluetooth-Chips sehr klein, daher gut für den Einbau in Geräten geeignet | Sichtkontakt zwischen den Geräten nötig |

Quelle: Vgl. Eckert(2009), S. 912

Die Bluetooth-Chips sind sehr klein, weswegen sie sehr gut für den Einbau in Geräten geeignet sind. Um eine Verbindung aufrecht zu erhalten, ist jedoch ein Sichtkontakt zwischen den Geräten nötig.

# 4 Mögliche Entwicklung beider Technologien

## 4.1 Übertroffene Erwartungen

Im Jahr 2004 hat das hessische Ministerium für Wirtschaft, Verkehr und Landesentwicklung in einem seiner Werke aufgezeigt, welche Entwicklungsmöglichkeiten es für WLAN geben konnte:[12]

Unter technischen Gesichtspunkten wurde vorhergesehen, dass neben dem Thema Sicherheit, die Steigerung der Datentransferraten im Mittelpunkt stehen würde, was auch genau so eingetroffen ist. Nach dem Standard 802.11b mit Datentransferraten von bis zu 11Mbps und dem Folgestandard ‚g' mit 54 Mbps sollte der zu dem Zeitpunkt aktuell herrschende Standard ‚n' bis zu 320 Mbps erreichen, was eine enorme Erhöhung der Datenübertragungsrate zu dem damaligen Standard bedeuten würde, wobei auch auf die Rückwärtskompatibilität geachtet werden sollte.

Im Rahmen der vorliegenden Arbeit wurde herausgearbeitet, dass die damals vorhergesehene Datenübertragungsrate um Einiges übertroffen wurde. Der n-Standard hatte letztes Endes 600 Mbps und der ac-Standard kann sogar 1300 Mbps erreichen.

Welche WLAN-basierten Dienste in Zukunft erfolgreich auf den Markt kommen werden, ist schwer abzuschätzen. Verschiedene Ansätze wurden bereits entwickelt, wobei einige interessante Einsatzmöglichkeiten in Kapitel 4.2 genannt werden.

---

[12] Vgl. Koch(2004), S.28f., Stand: 19.04.2013

## 4.2 Einsatzmöglichkeiten

Die Einsatzmöglichkeiten für WLAN-Technik sind vielfältig und gewinnen zunehmend an Bedeutung. Wahl führt in seinem Fachartikel einige Anwendungsbeispiele an:[13]

- Ein interessantes Einsatzgebiet ist der Betrieb in Fahrzeugen, z.B. in Bussen. Damit könnte das Auslesen von Fahrgastdaten, die Aktualisierung von Fahrgastinformationssystemen bei der Einfahrt ins Busdepot oder an Haltestellen durch Anwendungen automatisch erfolgen.

- Eine WLAN-Infrastruktur, die ein lückenloses Roaming ermöglicht, könnte dazu beitragen, ein großes Lager mit WLAN zu versorgen, um z.b. drahtlose Handscanner an ein Warenwirtschaftssystem anzubinden. Dazu sollten Accesspoints eingesetzt werden, die das IAPP (Inter Access Point Protocol) unterstützen und so in Verbindung mit einer durchdachten Funkzellenplanung für ein optimiertes Roamingverhalten der Endgeräte sorgen.

Auch der Einsatz von Bluetooth-Technologie ist vielseitig und bringt eine Erleichterung des Alltags in verschiedenen Bereichen mit sich:

- Kießling/Kollmeier/Diller führen z.b. an, dass Fernbedienungen für Hörgeräte heute fast ausschließlich als Funkfernbedienungen ausgeführt werden:[14] Obwohl sie ursprünglich lediglich dazu gedacht waren, Bedienungselemente wie Ein-/Ausschalter, Verstärkungsregler und Programmwahl fernbedienbar zu machen, können sie heute aufgrund von Bluetooth-Schnittstellen eine Funkverbindung zwischen Hörgeräten und externen Quellen wie Mobiltelefonen, TV-Geräten, MP3-Playern etc. herstellen.

- Die Ströer out of home Media Gruppe hat in einem zukunftsweisenden Mobile Portfolio spannende Einsatzmöglichkeiten für die Bluetooth-Technologie benannt:[15] Die Mediagruppe startet mit den Launch des Bluetooth-City-Netzes eine neue Form der Out-of-Home-Kommunikation, die durch die Vernetzung mit Mobile Marketing Interaktion im öffentlichen Raum ermöglicht, da Konsumenten vor Ort durch Videoclips, Klingeltöne, Gewinnspiele etc. unterhalten werden können. Man kann z.B. über einen Kampagnen-Server ein Plakat mit eingebautem Bluetooth-Sender steuern und den Content via Bluetooth kostenlos auf Mobiltelefone übertragen.

Die Einsatzmöglichkeiten beider Technologien sind enorm, weswegen wir in Zukunft von den mobilen Technologien zur Kommunikation und Datenübertragung, vor allem im urbanen Lebensraum, unumgänglich umgeben sein werden.

---

[13] Vgl. Wahl(2009), Stand: 24.04.2013
[14] Vgl. Kießling/Kollmeier/Diller(2008), S.96
[15] Vgl. Ströer Media Gallery, Stand: 12.04.2013

## 4.3 Zukunftsaussichten

Im Bereich des Bluetooth Marketing (auch Proximity Marketing genannt) eröffnen sich, wie bereits angeführt, neue Möglichkeiten, denn die Steuerung technischer Vorgänge mit Bluetooth birgt großes Potential:[16]

Dabei entwickeln sich die heutigen technischen Neuerungen so schnell, dass man sich noch vor 10 Jahren nicht vorstellen konnte, was heute schon möglich ist. Das Smartphone ist vom Alltag nicht wegzudenken und in Zukunft wird das eigene Zuhause, „Smart Home" genannt, per Bluetooth gesteuert werden können. Es wird möglich sein, das Haus komplett zu vernetzen und von Weitem zu steuern. Dafür können alle elektrischen Geräte per Bluetooth mit dem Smartphone verbunden werden, so dass dieses über eine Applikation als `Fernbedienung´ genutzt werden kann. Entsprechende Sensoren übernehmen dafür die Steuerung per Smartphone über Bluetooth-Schnittstellen. Jetzt bereits gibt es eine Vielzahl von Sensoren, die in der Lage sind, das Haus technisch aufzurüsten. Auch im Straßenverkehr kann die Bluetooth Technologie Verwendung finden. In Chemnitz wurden in einem Pilotversuch Ampelkreuzungen der Stadt mit Messstationen ausgerüstet, die Verkehrsströme mithilfe von Bluetooth-Sensoren wahrnehmen und mit einem Scanner sowie einer hochempfindlichen Antenne die Bluetooth-Endgeräte in ihrer näheren Umgebung erfassen können, wie z.b. Handys, Headsets oder Navigationssysteme. Das Ziel hierbei ist, ein Bild über die Verkehrslage der Stadt zu erzeugen. In Bezug auf den Datenschutz ist laut Experten Entwarnung gegeben, denn zum einen wird keine Kommunikationsverbindung zu den Geräten aufgebaut, und zum anderen werden sensible Daten verschlüsselt und anonymisiert an die Rechnerebene weitergegeben.

Die Stellung der Bluetooth-Technik in der Zukunft ist jedoch noch nicht gesichert: [17]

Eine gute Möglichkeit, um mobile Endgeräte der Verbraucher mit Werbung zu erreichen, stellen die einfachen QR-Codes dar, welche nicht mit hohen Kosten verbunden sind, dafür jedoch auch nur in eine Richtung kommunizieren und keine auswertbaren Informationen liefern, so dass sie keine ernst zu nehmende Konkurrenz sein können. Im Gegensatz dazu gibt es einen sehr starken Konkurrenten zu Bluetooth, nämlich NFC (Near Field Communication), welcher zwar nur im Zentimeterbereich Daten und Informationen übertragen kann, jedoch eine viel bessere Sicherheitsarchitektur bietet. Dadurch ergeben sich

---

[16] Vgl. UMTS Online-Redaktion(2013), Stand: 12.07.2013
[17] Vgl. Seeger, Stand: 15.06.2013

Möglichkeiten einer neuen Bezahlart, welche gerade dabei ist, sich zu etablieren. Somit kann man festhalten, dass Bluetooth sich in der Technologie zwischen WLAN und NFC befindet.

In Bezug auf die Entwicklung des WLAN kann folgendes vorausgesehen werden:[18] Die Geschwindigkeit wird immer weiter steigen, bis sie einem fest verkabelten Netzwerk echte Konkurrenz machen kann. Die Verbreitung der Hotspots wird zudem exponentiell ansteigen. Sie werden dem Nutzer mehr Bandbreite zur Verfügung stellen, um bandbreitenintensive Anwendungen nutzen zu können (Voice-over-IP, Video streaming, usw.).

White-Fi, eine neue Technologie, die enorme Reichweitenvergrößerung ermöglicht, könnte WLAN ablösen:[19]

Im Firmengelände von Microsoft wird bereits das neue White-Fi-Netzwerk getestet (auch bekannt als White Space Networking), welches das UHF-Band bei Frequenzen um die 700 MHz nutzt (das UHF-Band war bisher für das terrestrische Fernsehen reserviert). Dadurch werden bereits bei Microsoft an einem 2 $km^2$-Gelände lediglich 2 Hotspots benötigt. Dies könnte eine Revolution für die Reichweite bedeuten.


# 5 Resümee

Im Rahmen der vorliegenden Arbeit sollten die Technologien Bluetooth und WLAN miteinander verglichen werden und mögliche zukünftige Entwicklungen herausgearbeitet werden.

Beide Technologien sind Mitte der 1990er Jahre entstanden und weisen in ihrem Einsatzgebiet Vor- und Nachteile auf, welche eingehend beschrieben wurden. Von Beginn beider Technologien an, war es das Ziel, stets die Reichweite und die Datenübertragungsrate zu erhöhen, die Einsatzgebiete zu erweitern und die Verbreitung der Technologien voranzutreiben. Auch Sicherheitsaspekte wurden nicht außer Acht gelassen und auch eine Bemühung um einen niedrigen Stromverbrauch besteht.

Über 15 Jahre nach der Entstehung hat man heute zwei standhafte, stetig weiterentwickelte Technologien, welche vom Alltag kaum wegzudenken sind. Die erwartete Entwicklung der Technologien wurde jetzt schon bei Weitem übertroffen und weitere Entwicklungen stehen bevor. Einiges kann man, wie bereits in Kapitel 4 beschrieben, voraussehen. Andererseits ist es schwierig bei der schnellen Entwicklung der Technik heutzutage eine genaue Vorhersage zu treffen.

---

[18] Vgl. Personal WLAN, Stand: 15.06.2013
[19] Vgl. Chip Online(2010), Stand: 18.06.2013

Einige Gefahren und Konkurrenten wurden im Laufe der Arbeit erwähnt, wodurch die Technologien sogar abgelöst werden könnten. Welche der beiden Technologien als Sieger zu sehen ist, ist schwer zu sagen, denn jede von ihnen hat ihre Stärken und Schwächen und ist auf ihr Einsatzgebiet spezialisiert. Aus heutiger Sicht ist jedoch nicht abzusehen, dass eine der beiden Technologien von einer anderen komplett verdrängt wird und ihren Status als allgegenwärtige Unterstützung in unzähligen Bereichen verliert.

12

# Literaturverzeichnis

Apple(2013): AirPort Extreme. Der neue AirPort Extreme. Bis zu 3x schnelleres WLAN. Neu gedacht. Schneller gemacht. Online unter: www.apple.com/de/airport-extreme/ (Stand: 20.07.2013).

Breymann, Ulrich/Mosemann, Heiko(2008): Java Me. Anwendungsentwicklung für Handys, PDA und Co. 2. Auflage. München/Wien: Carl Hanser Verlag 2008.

Chip Online(2010): White-Fi: Microsoft testet WLAN der Zukunft. 14.09.2010. Online unter: http://business.chip.de/news/White-Fi-Microsoft-testet-WLAN-der-Zukunft_44720586.html (Stand: 18.06.2013).

Dembowski, Klaus(2007): Lokale Netze. Handbuch der kompletten Netzwerktechnik. München: Addison-Wesley Verlag 2007.

Eckert, Claudia(2009): IT-Sicherheit. Konzepte-Verfahren-Protokolle. 6. Auflage. München: Oldenbourg Wissenschaftsverlag 2009.

Finger, Martin(2008): Konzipierung eines Identifikationssystems auf Bluetooth-Basis. Dresden: Jörg Vogt Verlag. Technische Universität. Diss. 2008.

Grzemba, Andreas(2007): Most. Das Multimedia-Bussystem für den Einsatz im Automobil. Poing: Franzis Verlag 2007.

Kießling, Jürgen/Kollmeier, Birger/Diller, Gottfried(2008): Versorgung und Rehabilitation mit Hörgeräten. 2., vollständig überarbeitete Auflage. Stuttgart: Georg Thieme Verlag 2008.

Koch, Wolfram(2004): Wireless-LAN. Stand und Entwicklungspotenzial. Nutzungsansätze für KMU. Hessenmedia: Band 46. Wiesbaden: Hessisches Ministerium für Wirtschaft, Verkehr und Landesentwicklung 2004. Online unter: http://www.hessen-it.de/mm/wlan.pdf (Stand: 19.04.2013).

Oberholzer, Matthias(2003): Strategische Implikationen des Ubiquitous Computing für das Nichtleben-Geschäft im Privatkundensegment der Assekuranz. In: Koch, Gottfried/Köhne, Thomas/Wagner, Fred(Hrsg.)(2003): Strategische Implikationen des Ubiquitous Computing für das Nichtleben-Geschäft im Privatkundensegment der Assekuranz. Karlsruhe: Verlag Versicherungswirtschaft 2003.

Meier, Andreas/Stormer, Henrik(2012): eBusiness & eCommerce. Management der digitalen Wertschöpfungskette. 3. Auflage. Berlin/Heidelberg: Springer-Verlag 2012.

Meinel, Christoph/Sack, Harald(2012): Internetworking. Technische Grundlagen und Anwendungen. Berlin/Heidelberg: Springer-Verlag 2012.

Personal WLAN: Unternehmensphilosophie. Online unter: http://www.personalwlan.de/index.php?option=com_content&view=article&id=7&Itemid =192 (Stand: 15.06.2013).

Seeger, Andreas: Bluetooth: Funktechnik ohne Zukunft. Online unter: http://www.areamobile.de/specials/21155-bluetooth-funktechnik-ohne-zukunft (Stand: 15.06.2013).

Schieb, Jörg/Müller, Mirko(2006): Einfach besser verstehen. PC-Tuning. So wird Ihr Rechner wieder richtig schnell. Würzburg: SmartBooks Publishing 2006.

Schiffmann, Wolfram/Bähring, Helmut/Hönig, Udo(2011): Technische Informatik 3. Grundlagen der PC-Technologie. Berlin/Heidelberg: Springer-Verlag 2011.

Seitz, Jochen/Debes, Maik/Heubach, Michael/Tosse, Ralf(2007): Digitale Sprach- und Datenkommunikation. Netze – Protokolle – Vermittlung. München/Wien: Carl Hanser Verlag 2007.

Ströer Media Gallery: Zukunft der Außenwerbung. Interactive out of home. Portfolio. Agentur 07. Online unter: http://www.stroeer.de/fileadmin/user_upload/PDF/agentour07/zukunft_interactiveooh.pd f (Stand: 12.04.2013).

UMTS Online-Redaktion(2013): Bluetooth Sensoren in der Entwicklung. 10.06.2013. Online unter: http://www.umts.de/1787-bluetooth-sensoren-in-der-entwicklung/ (Stand: 12.07.2013).

Wahl, Hans-Dieter(2009): WLAN-Einsatz im Industrie-Umfeld, nach dem neuen Standard der .11n-Technik. Fachartikel: 11/2009. Nürnberg: Funkwerk Enterprise Communications 2009. Online unter: http://www.teldat.de/portal/downloadcenter/dateien/technicalpapers/FA-WI-n-Industry_11-2009.pdf (Stand: 24.04.2013).

## Student Consulting Recherche

## am Beispiel des Unternehmens MRM Worldwide

MRM ist eine weltweit bekannte digitale Agentur, die eine Schnittstelle in der Interaktion zwischen Konsument und Marke darstellt. Der Slogan „Creativity, Technology, Performance" spiegelt die Kernaussagen für eine kundenorientierte Leistung. MRM versteht sich als kreativ, technologieversiert und ergebnisorientiert und möchte auch so wahrgenommen werden.

Mit über 31 Standorten in 22 Ländern, ist MRM eine der führenden digitalen Full-Service-Agenturen weltweit. Die über 15jährige digitale Expertise in Kampagnen und in den Bereichen Social Media, Brand Development und Experience Design, Plattformen und Applikationen, Mobile Marketing und CRM, haben mehr als 30 Kreativawards in den letzten 5 Jahren eingebracht.

MRM hat ein umfangreiches Partnernetzwerk und ein starkes Kundenportfolio. Allein in Deutschland sind folgende nennenswert: Amway, Arte, BVG, Cadillac, Cape June, Car2Go, Cathay Pacific, Chevrolet, Christian Berg, Essie, Fresenius Medical Care, GM, Glenfiddich, Kraft, L'Oreal, MasterCard, Maybelline, Nestle, Novero, Opel, Santander, South Africa Tourism, Sunstar, Watt, WeightWatchers', Yokohama.

Folgende Kernkompetenzen führen zu langjährigen und stabilen Kundenbeziehungen: Augmented Reality, CRM/eCRM, Digital Media, eCommerce, ePOS, Insights & Strategy, iPAD, Mobile, Movies/Motion Graphics, Web Platforms, Websites/Microsites. Diese Kernkompetenzen deuten darauf hin, dass das Unternehmen immer neue Ideen mit Technologien kombiniert, um im digitalen Wettbewerb seine starke Positionierung beizubehalten.

Die anspruchsvollen IT-Lösungen werden nicht nur in Kundenprojekten angewendet, sondern dienen auch dazu, die innerbetrieblichen Abläufe und Prozesse zu optimieren. Im Rahmen von Tätigkeiten wie Planung, Steuerung und Management komplexer Projekte werden einfache Lösungsmöglichkeiten wie Bluetooth oder WLAN im Arbeitsalltag angewendet.

Für eine schnelle und flexible Verbindung zwischen verschiedenen Rechnern und vor allem wenn das Intranet-Laufwerk nicht erreichbar ist, stellt Bluetooth die optimale Lösung für die Datenübertragungen dar. Dadurch dass es keine Inkompatibilität zwischen den Geräten gibt und alle Endgeräte vom gleichen Hersteller sind (Hewlett Packard), ist der einzige Nachteil der

Datenübertragung per Bluetooth die Distanz. Man benutzt diese Art von Verbindung lediglich innerhalb eines Konferenzraumes und für eine begrenzte Zeit.

Bluetooth wird im Rahmen unseres Unternehmens des Öfteren in Headsets für Handys und Arbeitstelefongeräten genutzt. Besonders praktisch sind die Bluetooth-basierten Headsets bei langen Telefonkonferenzen, bei welchen man nur als Teilnehmer eingeladen wird, sich demzufolge parallel anderen Tätigkeiten zuwenden und auch weiterhin frei bewegen kann. Nachteil dieser Art von Anwendung ist allerdings die Instabilität der Verbindung. Man muss immer in einer gewissen Reichweite bleiben und sollte, wenn möglich, keinen Aufzug benutzen, da die Reichweite durch Wände oder Decken abnimmt.

Die Bluetooth-Technologie wird auch im Rahmen von Kundenpräsentationen genutzt. Die von Bluetooth gesteuerten Beamer-Fernbedienungen bieten eine einfache und benutzerfreundliche Unterstützung.

Durch die Integration von WLAN-Komponenten (Accesspoints) in die bestehende Netzwerkstruktur wurde unser Netzwerk einfach erweitert und wird im Alltag von allen Mitarbeitern und auch von Gästen genutzt. Unser WLAN-Netzwerk bietet gleichzeitig eine Skalierungsmöglichkeit von Usern, da bei der Vergrößerung von Unternehmen auch unweigerlich die Mitarbeiterzahlen wachsen. Sowohl neue Mitarbeiter als auch Gäste (Kunden) können per WLAN kurzfristig in das vorhandene Unternehmensnetzwerk eingebunden werden. In Unternehmen stehen keine ständig nutzbaren voll ins Netz integrierten Konferenzräume zur Verfügung. In solchen Fällen lassen sich per WLAN ad-hoc Meetings (mit Notebooks) einrichten, um so während des Meetings auf das Netzwerk zugreifen zu können. Allerdings sollte man hier den Nachteil der Übertragungsgeschwindigkeit nicht außen vor lassen. Die erhöhte Anzahl der Nutzer, welche sich die Funkzelle teilen, macht sich schnell bemerkbar. Daher wird empfohlen, die normale kabelgesteuerte Netzwerkverbindung zu nutzen, wenn man sich am eigenen Arbeitsplatz befindet.

Der Berliner Standort befindet sich in einem denkmalgeschützten Gebäude. Hier sind bauliche Veränderungen wie z.B. Kabelkanäle nicht möglich und daher ist WLAN die schnellste und preisgünstigste Option.

WLAN wird in der Praxis sehr oft von uns für den Aufbau temporärer Netzwerke genutzt. Bei Messen (z.B. bei der IAA in Frankfurt oder bei unterschiedlichen internationalen Motor Shows) stellt WLAN für die Zeit der Messe die perfekte Lösung dar.